Le Basi Dell'Economia: La Guida per Principianti per Capire Economia e Finanza

Cristina Padovesi

Published by Cristina Padovesi, 2022.

LE BASI DELL'ECONOMIA: LA GUIDA PER PRINCIPIANTI PER CAPIRE ECONOMIA E FINANZA

First edition. September 20, 2022.

ISBN: 979-8215940846

Written by Cristina Padovesi.

Also by Cristina Padovesi

Le Basi Dell'Economia: La Guida per Principianti per Capire Economia e Finanza
Le Basi della Finanza: La Guida per Principianti per Capire Economia e Finanza

Sommario

CAPITOLO 1

Che cos'è l'economia?

Che cos'è l'economia? Per rispondere a questa domanda possiamo far riferimento a una definizione ampiamente riconosciuta dagli studiosi: l'economia altro non è che lo studio di come gli "individui, le imprese, il governo e le altre organizzazioni nella società, formulino scelte e come queste scelte determinano l'utilizzo, da parte della società, delle proprie risorse" (Stiglitz, Walsh, 2002).

A questa definizione più accademica possiamo aggiungerne un'altra diventata più "goliardica" elaborata da Tom Carlyle nel 1849, il quale definì l'economia come "la scienza triste" (*the dismal science*). E se pensiamo che le risorse degli individui sono per loro natura limitate ed il compito dell'economia è quello di allocarle nella maniera più efficiente, in un contesto in cui, in ogni caso, risulteranno insufficienti, allora in effetti non possiamo considerare questa materia come la più allegra possibile. Anche se, secondo alcune fonti, Carlyle in realtà definiva l'economia "triste" perché portava a considerare uguali gli uomini di fronte alla legge economica della domanda e dell'offerta, lui che era, invece, un fervente sostenitore della superiorità della razza bianca.

Comunque, ciò che può essere posto al centro della nozione di economia è la scelta: perché i consumatori scelgono di comprare molti meno giornali di quanto facevano negli anni 90? Perché i produttori scelgono di delocalizzare nei paesi asiatici? Perché sono cambiati nostri gusti nella scelta delle automobili?

Cinque concetti fondamentali bisogna tenere in mente per capire come vengono fatte le scelte e come queste influenzano il consumo delle risorse: *trade-off*, incentivi, scambio, informazione e distribuzione.

Per *trade-off* si intende la decisione di spendere soldi per un bene piuttosto che per un altro. Poniamo un budget settimanale di 50. Con questa somma posso decidere se spendere due volte 25 per mangiare fuori. Oppure, posso andare a mangiare fuori una volta, spendere 10 per il cinema e risparmiare 15 per la settimana dopo. Gli individui fanno in continuazione scelte del genere e lo stesso fa la società nel suo complesso: si può decidere di preservare le zone verdi o incentivare l'edilizia, incrementare la spesa pubblica o tagliarla e abbassare le tasse, investire sulla sanità o sull'educazione etc. Alle volte sono gli individui o i governi a fare queste scelte in maniera esplicita. Altre volte queste non avvengono per la volontà combinata di milioni di individui, ma sono imposte da insuperabili condizioni esterne. L'Italia è obbligata a importare gas naturale dall'estero perché non ha al suo interno le risorse necessarie per coprire il proprio fabbisogno.

Le scelte sono così importanti proprio perché le risorse sono scarse (e qui ritorna la tristezza della materia). La maggioranza della popolazione mondiale ha un budget limitato rispetto alle esigenze di vita che si vorrebbero soddisfare. Se spendo una certa somma per una riparazione imprevista in casa, ad esempio, dovrò rinunciare a parte delle risorse destinate al mio tempo libero per poter controbilanciare la spesa. E il problema delle scelte si pone persino per un facoltoso multimiliardario in quanto, nonostante una ricchezza capace di coprire qualsiasi bisogno soddisfabile all'interno del mercato, ci sarà sempre una risorsa che rimarrà scarsa per qualsiasi uomo: il tempo. Tutti gli uomini hanno bisogno di scelte per decidere come impiegare il proprio tempo, e questo vale per l'operario come per il CEO della multinazionale per la quale lavora.

Una volta definita la ragione per la quale abbiamo bisogno di *trade-off* nelle nostre scelte, è, ora, necessario capire perché facciamo determinate scelte. E qua si introduce il discorso riguardante gli incentivi. Un qualsiasi soggetto, individuo o impresa, nell'effettuare una decisione dovrà valutare i pro e i contro a cui va incontro: se decido di iscrivermi all'università, dovrò prima valutare i vantaggi e gli svantaggi derivanti da questa scelta; per capire la convenienza di aprire una nuova filiale per la mia azienda, dovrò valutare i costi e i benefici di questa operazione. Grazie agli incentivi, potranno essere analizzate le scelte fatte all'interno del mercato. Per incentivo in economia si intende il vantaggio derivante da una scelta, al netto dei suoi costi. L'elemento che influisce più sugli incentivi sono i prezzi. Se il prezzo della benzina sale si avranno più incentivi a comprare auto elettriche. Se, di contro, il prezzo rimane basso, l'incentivo può essere sostituito da un intervento governativo che introduce delle agevolazioni fiscali per l'acquisto di questo bene.

Le imprese sono incentivate ad aumentare la produzione (e quindi incrementare i profitti) se il prezzo di un bene sale. Nel caso in cui una risorsa necessaria per la produzione (es. lavoro o materia prima) diventa più onerosa, invece, l'incentivo sarà quello di trovare nuovi metodi per produrre.

Gli economisti possono, quindi, studiare le scelte dei consumatori e dei produttori sulla base degli incentivi che dovranno affrontare.

Queste scelte vengono messe in pratica tramite degli scambi. Il valore dello scambio era conosciuto già nelle economie più arcaiche, nelle quali veniva praticato il cosiddetto baratto. Nell'epoca moderna gran parte degli scambi non avviene più in maniera diretta (scambio un kilo di grano per un kilo di carne), ma tramite un bene intermedio: il denaro. I soggetti scambiano beni e servizi per ottenere denaro, che a loro volta utilizzano per ottenere altri beni e servizi. Il luogo dove avvengono questi scambi viene definito genericamente come "mercato", un termine onnicomprensivo che può indicare un antico mercato di strada quanto la più moderna Borsa Valori. All'interno del mercato i beni più scarsi, o che hanno un prezzo di produzione più alto, hanno un prezzo maggiore. Un computer ha un prezzo maggiore di una sedia perché ha maggiori costi di produzione; così come il diamante è più costoso del ferro perché è più scarso all'interno del mercato.

I mercati usano gli scambi per risolvere le questioni economiche e decidere come, quanto e cosa produrre. Gli individui effettueranno gli scambi sulla base delle loro esigenze e/o desideri alla luce degli incentivi che incontrano. Le imprese tenteranno di massimizzare i profitti producendo quello che chiedono i consumatori al prezzo più basso possibile. Alle volte, tuttavia, i mercati arrivano a risultati non graditi per la popolazione: troppa disuguaglianza, eccessivo inquinamento, poca attenzione a risorse fondamentali per la collettività. In questa situazione può essere richiesto l'intervento statale, la cui ampiezza dipende dal tipo di cultura economica di riferimento. In un'economia più liberale come gli Stati Uniti lo Stato si limiterà a porre le regole del gioco nelle quali operano gli individui e le imprese, ad esempio evitando le discriminazioni o limitando l'inquinamento. La definizione dei prezzi e della quantità dei beni e servizi offerti sarà lasciata, tendenzialmente, all'autoregolamentazione del mercato, anche per servizi essenziali come la sanità o l'istruzione.

Il modello opposto, invece, è rappresentato dai paesi socialisti (come l'ex Unione Sovietica e la Cina), in cui è lo Stato che, in maniera dirigista, decide come allocare le risorse, lasciando uno spazio limitato o nullo all'iniziativa privata.

Un sistema intermedio può essere individuato nei sistemi economici europei. In Italia, nonostante un ampio spazio lasciato all'iniziativa economica individuale, fino a qualche decennio fa la maggior parte delle aziende strategiche erano di proprietà pubblica: l'azienda petrolifera ENI; la compagnia telefonica SIP, poi diventata Telecom Italia, la compagnia aerea di bandiera Alitalia etc. Anche ora, nonostante le direttive europee abbiano portato ad una maggiore privatizzazione dell'economia, lo Stato mantiene una partecipazione importante in queste aziende.

Per effettuare le mie scelte economiche in maniera efficace, inoltre, avrò bisogno di un sufficiente grado di informazione. Non posso valutare i costi e i benefici di un'operazione se non ho a disposizione le informazioni necessarie. Per questo, soprattutto negli ultimi anni, si è assistito ad una poderosa crescita del mercato dei cosiddetti *big data*: la digitalizzazione ha messo a disposizione delle aziende una mole considerevole di dati grezzi da cui possono essere estrapolate delle informazioni essenziali per indirizzare le proprie scelte produttive. Per questo le imprese investono ogni anno capitali sempre più importanti in figure come *data analyst*, *data engineer* e *data expert*, in un mercato che, solo in Italia, nel 2019 ha toccato quota 1.7 miliardi di euro (Fonte: La Stampa).

Quando i consumatori sono in una posizione svantaggiata a causa di un oggettivo squilibrio informativo, è lo Stato ad intervenire per riequilibrare la situazione. La Consob in Italia richiede alle imprese di soddisfare particolari obblighi di trasparenza nei resoconti e nei bilanci prima di ammettere le azioni all'interno dei listini di Borsa. Lo stesso tipo di vigilanza è esercitata dall'Ivass sulle compagnie assicurative e dalla Banca d'Italia all'interno del settore bancario. Queste autorità sono essenziali per evitare che chi ha a disposizione una quantità di informazioni maggiori rispetto ad altri possa sfruttarle per ottenere vantaggi sproporzionati. Da qui, anche l'introduzione da parte del legislatore di specifiche ipotesi di reato, come l'aggiotaggio (*insider trading*) che punisce chi utilizza informazioni non ancora rese pubbliche per manipolare il mercato.

Il mercato, oltre a determinare come e quanto produrre, decide anche come vengono distribuite le risorse. E questo porta ad una delle critiche più importanti portate avanti contro il sistema capitalista: sebbene venga riconosciuta l'efficienza del capitalismo nell'orientare la produzione, la maniera in cui il mercato distribuisce le ricchezze porta a disuguaglianze che diventano ogni anno sempre più evidenti. Lo Stato può intervenire può per correggere i risultati del mercato, ma questo può portare a creare ulteriori inefficienze. Se impongo una tassazione per finanziare un sistema di welfare capace di limare le disuguaglianze economiche, chi produce può essere scoraggiato a incrementare la propria capacità e, quindi, la ricchezza prodotta. Oppure, più semplicemente, può preferire spendere di più, piuttosto che vedere i suoi risparmi tassati. Anche in questo caso, vediamo come sarà necessario effettuare un *trade-off* tra efficienza economia e uguaglianza sociale. Sarà compito del decisore politico trovare il giusto equilibrio tra queste due esigenze contrapposte.

CAPITOLO 2

La scienza economica

Lo studio dell'economia è, generalmente, suddiviso in due branche: la microeconomia e la macroeconomia. La microeconomia (dal greco *mikros*=piccolo) si occupa dello studio del comportamento dei singoli agenti del mercato (imprese, individui e famiglie), in che modo e perché vengono effettuate le loro scelte economiche e come gli individui si relazionano e coordinano le loro azioni all'interno del mercato. Invece, la macroeconomia (dal greco *makros*=grande) si occupa di guardare l'economia nel suo complesso guardando a elementi di carattere nazionale e internazionale, come il prodotto economico di uno Stato (PIL) o come vengono assegnate le risorse di terra, lavoro e capitale. La macroeconomia guarda a fenomeni come il commercio internazionale, la politica fiscale, il livello di inflazione, i tassi di interesse e molto altro ancora. La lente di ingrandimento non è puntata sulla scelta dei singoli, ma sull'andamento di un'intera economia.

Tuttavia, questa suddivisione non è a compartimenti stagni, ma, anzi, è molto più interconnessa di quello che potrebbe sembrare. I fenomeni che avvengono all'interno dell'economia aggregata dipendono dalle decisioni prese da milioni di individui e dalle scelte governative. Per cui le due prospettive economiche sono solo due diversi approcci che riguardano la stessa materia.

L'approccio microeconomico parte dal basso, mentre quello macroeconomico si occupa di guardare la situazione dall'alto.

La scienza economica studia i problemi con un metodo che è, per l'appunto, scientifico: dopo aver osservato un fenomeno, si formano delle ipotesi che, se verificate, portano all'elaborazione di una teoria. Nello sviluppare una teoria gli economisti usano dei modelli. Gli ingegneri, per sviluppare un nuovo macchinario, partono dalla costruzione di modelli: se si deve progettare un nuovo tipo di shuttle non si procederà direttamente alla sua realizzazione, ma si useranno dei modelli in plastica di dimensioni ridotti (o informatici) per studiarne le caratteristiche che poi si vorranno riportare nel prodotto finale. E lo stesso avviene in economia: vengono costruiti dei modelli per descrivere determinati fenomeni. Ad esempio, "quando il reddito sale, aumenta il numero di macchine acquistate". Questo è un modello che spiega una relazione generale, che può essere specificata anche da un punto di vista quantitativo ("se il reddito sale del 5%, l'aumento di macchine acquistate è del 3%"). Modelli possono essere creati anche per effettuare previsioni: "se viene introdotta una tassa sulla benzina, si ridurrà l'acquisto di auto".

Gli economisti, inoltre, indagano le relazioni fra le variabili, come prezzi, salari, tassi d'interessi, quantità di beni prodotti o venduti etc., con lo scopo di capire se fra di esse vi sia un rapporto di correlazione. Ad esempio, tramite i test statistici è possibile verificare se il rapporto fra il possesso di un titolo di laurea e un salario più alto sia puramente casuale o vi sia la possibilità di stabilire una relazione sistematica tra istruzione e salari più alti. Inoltre, per gli economisti è anche importante capire se fra due variabili non vi sia solo una correlazione, ma un vero e proprio rapporto causalistico (una variabile è causa dell'altra). Se aumenta il prezzo del petrolio, può essere trovata una correlazione causalistica fra aumento delle auto elettriche e diminuzione nella vendita delle auto a benzina. In questo caso le due variabili possono essere considerate correlate negativamente, per cui l'aumento dell'una determina la diminuzione dell'altra e viceversa.

Una volta definiti i modelli, gli economisti possono trovarsi divisi nelle teorie elaborate. Questo può avvenire per la descrizione dei fenomeni economici, per le previsioni future o semplicemente nella scelta dei valori da perseguire, la quale porta ad una diversa valutazione delle conseguenze di un certo intervento.

La teoria economica si divide in "teoria economica positiva" e "teoria economica normativa". La prima si occupa di descrivere l'economia e il suo funzionamento, mentre la seconda prevede gli effetti che deriverebbero da certi provvedimenti, individuando gli obiettivi da perseguire e definendo i mezzi necessari per raggiungerli.

Poniamo l'intervento da parte degli Stati Uniti di imporre dazi sulle importazioni cinesi. La teoria positiva si occuperà di analizzare gli effetti di una manovra del genere, come l'innalzamento dei prezzi delle materie prime e dei prodotti provenienti dalla Cina, che determina la necessità da parte dei consumatori e delle aziende americane di rivolgersi ad altri mercati. La teoria normativa dovrà valutare i vari effetti e chiarire se il provvedimento sia utile complessivamente per l'economia americana. Ad esempio, se innalzamento dei costi per l'import proveniente dalla Cina sarà compensato da una crescita della domanda interna tale da giovare alle imprese americane.

CAPITOLO 3

Domanda e offerta di mercato

Nelle moderne economie, i produttori e i consumatori rispettivamente producono e consumano i beni presenti all'interno del mercato. La domanda viene determinata dai consumatori, mentre l'offerta verrà fissata dai produttori. E questa interazione andrà a definire la quantità di beni all'interno del mercato, le modalità di produzione e i prezzi.

Gli individui effettuano le loro scelte economiche con la finalità di ottenere il maggior beneficio possibile ottenibile tramite un ammontare limitato di risorse. La prima valutazione verrà fatta sull'utilità di una determinata azione. Successivamente, si guarderà ai costi e ai benefici, scegliendo quale delle varie opzioni possibili può dare la maggiore utilità possibile, considerata sempre la scarsità delle risorse. Queste decisioni andranno a generare la curva di domanda che, a sua volta, influenzerà i prezzi e le quantità del mercato.

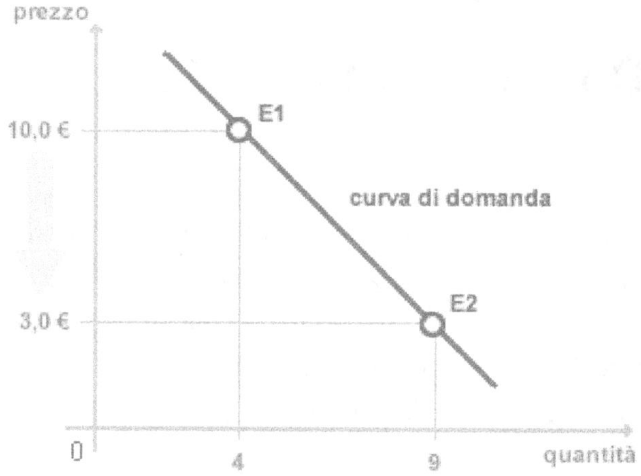

Fonte: Okpedia

Nell'immagine possiamo vedere un esempio molto semplice di curva di domanda. Il grafico ci mostra per ogni prezzo quanti beni possono essere acquistati all'interno del mercato. Minore è il prezzo, maggiore sarà la quantità di beni che si potranno acquistare con una certa quantità di denaro.

Anche le imprese produttrici si muovono nel mercato sulla base di qual è la scelta che possa massimizzare i benefici. Si incrementa la produzione finché produrre un ulteriore unità può ancora aumentare i profitti. In particolare, un'azienda produce una certa quantità di beni solo se il guadagno derivante dalla loro vendita eccede i costi della loro produzione. Queste valutazioni andranno a generare la curva di offerta che, come la curva di domanda, andrà ad influenzare i prezzi e le quantità all'interno del mercato

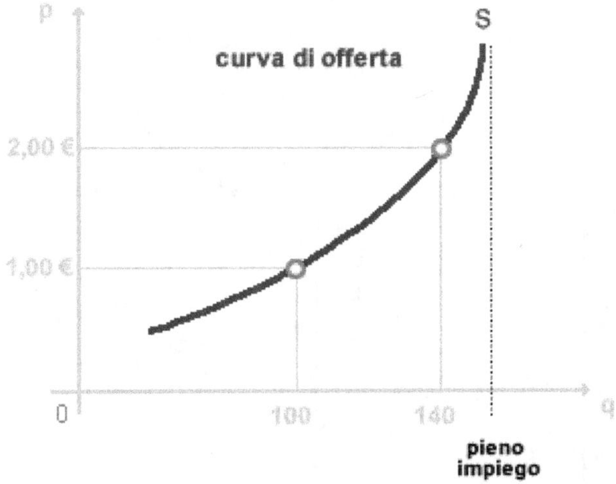

Fonte: Okpedia

Nel grafico di una curva di domanda possiamo vedere per ogni prezzo quanti beni verrebbero prodotti da un'azienda. Stavolta la curva è inclinata positivamente da sinistra verso destra, poiché ad un aumento del prezzo corrisponde una maggiore disponibilità dell'azienda a produrre per aumentare i profitti (mantenendo inalterate le altre variabili).

Incrociando la curva di domanda e la curva di offerta dello stesso bene possiamo individuare il punto di equilibrio del mercato.

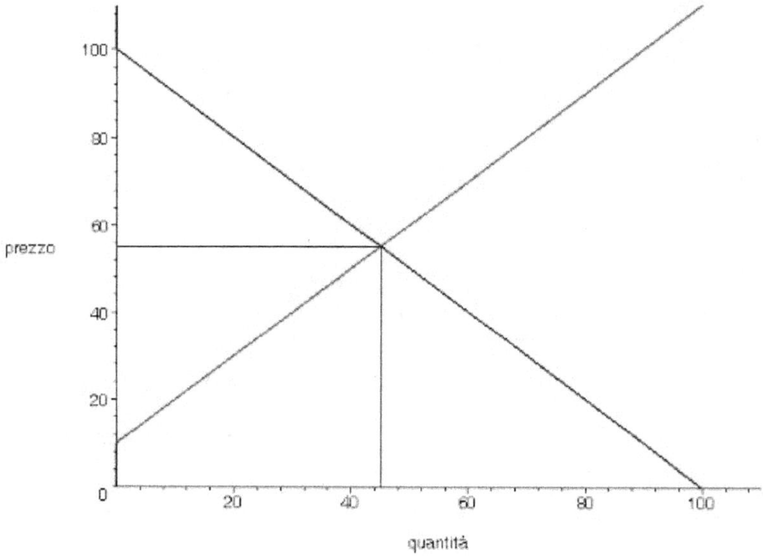

Fonte: static.luiss

Il grafico ci dice il prezzo necessario per far incontrare la domanda e l'offerta del mercato. Per un prezzo inferiore ci sarebbe una carenza di offerta (e un eccesso di domanda), per un prezzo superiore al punto di equilibrio ci sarebbe una carenza di domanda (e un eccesso di offerta).

Da questo, possiamo cogliere uno dei pilastri dell'economia moderna: la legge della domanda e dell'offerta. Domanda e offerta lavorano insieme per determinare il prezzo all'interno dei mercati concorrenziali. L'equilibrio descrive una situazione in cui gli agenti non hanno ragione per cambiare la situazione all'interno del mercato (prezzo del bene e quantità all'interno del mercato). Da un lato, i consumatori hanno la quantità necessaria del bene al prezzo più basso possibile; dall'altro, le imprese producono massimizzando i profitti. Il mercato, in gergo, "viene pulito" (*clear*).

Nel caso in cui il prezzo fosse più alto dell'equilibrio, come detto prima, vi sarebbe un eccesso di offerta. Per cui le imprese, accorgendosi della merce invenduta, tenderanno ad abbassare il prezzo (e quindi diminuire la produzione) per stimolare una maggiore vendita. Nel caso di carenza di offerta, invece, i consumatori saranno disposti ad acquistare il bene ad un prezzo anche più alto, quindi le imprese potranno alzare i prezzi ed aumentare la produzione per soddisfare le esigenze della curva di domanda.

La legge della domanda e dell'offerta ci dice, quindi, che quando il mercato non è in equilibrio vi sono delle forze di direzione prevedibile che spingono verso l'equilibrio.

CAPITOLO 4

La competizione nei mercati

Le aziende sono spinte a competere per due ragioni principali:

- Efficienza nell'allocazione: le imprese sono stimolate a produrre secondo quelle che sono le esigenze dei consumatori.
- Efficienza nella produzione: le imprese cercano di produrre al prezzo più basso possibile.

Tuttavia, per alcuni i mercati concorrenziali non sono la soluzione migliore per affrontare determinati problemi economici in quanto la competizione spinge la proliferazione di alcuni beni e la limitazione di beni che, invece, potrebbero essere essenziali; o, ancora, viene sostenuto che la concorrenza porta ad una diseguaglianza nella distribuzione del reddito e, quindi, della ricchezza. Adam Smith, uno dei padri della scuola economica "classica", sosteneva che l'interesse egoistico dei singoli fosse alla base del successo dell'economia. In pratica, i soggetti che perseguono il proprio interesse non fanno altro che aumentare la ricchezza totale della società. Quindi, il mercato perfettamente concorrenziale sarebbe il sistema più efficiente per allocare le risorse in quanto per natura tenderebbe all'equilibrio.

Tuttavia, spesso vi sono degli elementi che, interferendo sul funzionamento del mercato, impediscono una "perfetta" concorrenza. Interferenze che incidono sull'inefficienza del sistema e possono portare lo Stato ad intervenire per correggere i problemi causati dalla mancanza di competizione.

Il caso più estremo è quello del monopolio. in cui vi è solo un'impresa produttrice all'interno del mercato. Il monopolista può limitare la produzione e aumentare i prezzi con una libertà di manovra molto maggiore rispetto ad un'impresa concorrenziale, in quanto detiene un potere di mercato immenso. In questi casi, lo Stato può essere obbligato ad intervenire per tutelare l'interesse dei consumatori.

In un mercato monopolistico quindi:

- L'impresa monopolistica produce in minore quantità di beni/servizi rispetto al mercato concorrenziale.
- L'impresa monopolistica fissa prezzi più alti di quanto avverrebbe in un regime di concorrenza.
- I beni/servizi sono realizzati con una minor efficienza in termini di costi di produzione.

Questo avviene perché la mancanza di competizione non spinge l'impresa a produrre un livello ottimale di output, né a migliorare l'efficienza della propria produzione.

Tuttavia, un mercato monopolistico a volte risulta utile per ottenere certi risultati, con benefici che superano i costi del monopolio stesso. Questo è il caso dei brevetti: un brevetto da il diritto esclusivo all'inventore di produrre il bene per un certo numero di anni; in una condizione, per l'appunto, di monopolista. L'incentivo stimola la ricerca e l'inventività, sulle quali, altrimenti, non si avrebbero investimenti. Senza la garanzia di aver un diritto di utilizzo esclusivo non si impiegherebbero risorse per creare qualcosa di nuovo che potrebbe essere "rubato" e prodotto liberamente da altri *competitors.*

Oppure, un monopolio può essere mantenuto per evitare il moltiplicarsi di servizi che possono diventare ridondanti e, a volte, addirittura dannosi. Ad esempio, avere diversi servizi di raccolta dei rifiuti potrebbe disturbare la tranquillità della città, data la mole dei mezzi e i rumori emessi durante la raccolta. Per questo le città,

generalmente, decidono di affidare il servizio ad un'unica impresa. O ancora, costruire gasdotti è sicuramente un'operazione costosa che necessita un grande impiego di risorse. Sarebbe, quindi, uno spreco e un potenziale danno ambientale costruire una struttura del genere per ogni azienda presente all'interno di un mercato competitivo. Per questo, anche in questo settore ci si affida ai monopoli.

Un'altra ipotesi è quella del monopolio naturale. In questo caso, si riesce ad ottenere l'output ad un prezzo minore se è una sola grossa impresa a produrre piuttosto che tante imprese piccole in competizione. Un esempio può essere quello della fornitura di energia elettrica: per motivi ingegneristici, una centrale elettrica da 10 megawatt può produrre a un prezzo molto inferiore di tante centrali da 1 megawatt. In una situazione del genere è "naturale" che vi sia solo un'impresa all'interno del mercato, in quanto altre imprese più piccole del monopolista non potrebbero competere economicamente. Eventualmente, la competizione potrebbe crearsi per il mercato (e non all'interno del mercato): nel caso in cui si presentasse un'azienda più grossa o più efficiente, potrebbe riuscire a sottrarre l'intero mercato al monopolista.

Meno estrema è la situazione dell'oligopolio, in cui ci sono poche imprese che competono all'interno del mercato. Questa condizione si viene a creare in particolari mercati, come quello dell'alluminio o del petrolio (pochi paesi producono la maggior parte del fabbisogno mondiale di queste risorse). In un sistema del genere si possono creare due situazioni:

1. Le imprese competono aggressivamente all'interno del mercato.
2. Le imprese fanno "cartello" andando a creare un mercato assimilabile al monopolio.

L'oligopolista si trova sempre combattuto tra la voglia di superare le aziende concorrenti e cooperare con loro.

Il primo caso possiamo ritrovarlo nel mercato della telefonia mobile, in cui poche imprese competono ferocemente, con milioni investiti ogni anno in innovazione tecnologica e marketing. Lo stesso avviene nel mercato delle compagnie aeree. Con una competizione così serrata risulta normale che molte delle imprese che operano in questi mercati sono costantemente sul filo del fallimento.

Un esempio di oligopolio collusivo è quello dei paesi produttori di petrolio (OPEC). I membri dell'organizzazione si accordano per ridurre la produzione e tenere alto il prezzo del greggio, massimizzando, così, i profitti.

Nonostante la cooperazione sarebbe il modo migliore per aumentare i profitti, vediamo molti meno cartelli di quanto ci si aspetterebbe all'interno dei mercati oligopolisti. Negli ultimi anni gli economisti hanno utilizzato una branca della matematica, chiamata "teoria dei giochi", per spiegare il comportamento degli oligopolisti. L'obiettivo è quello di spiegare come gli agenti si comportano quando le loro azioni influenzano gli altri. Un esempio per spiegare la teoria dei giochi è il dilemma del prigioniero: Due prigionieri, A e B, accusati di essere complici del medesimo crimine, vengono rinchiusi in due celle separate. Un poliziotto fa visita ad ognuno e dice "La situazione è questa: se il tuo complice confessa e tu resti in silenzio, avrai 5 anni di prigione. Se confessate entrambi avrete 3 anni. Se, invece, entrambi rimanete in silenzio vi daremo un anno. Tuttavia, se il tuo complice tace e tu confessi, rimarrai in prigione solo per 3 mesi. Quindi se il tuo complice confessasse, per te sarebbe meglio confessare a tua volta e lo stesso vale se il tuo complice rimanesse in silenzio. Dunque perché non confessare?"

Considerando la situazione complessiva, il risultato migliore per entrambi si otterrebbe rimanendo in silenzio. Ma confessare risulta la scelta migliore indipendentemente da cosa decide di fare l'altro. Tuttavia, se entrambi confessano si determina il risultato peggiore, in quanto entrambi prendono 3 anni. Il dilemma in questione è un gioco in cui le parti vengono danneggiate se perseguono entrambe il proprio interesse individuale, invece di cercare una strategia cooperativa.

L'analogia serve a far capire che, nonostante le imprese starebbero meglio cooperando (con un profitto complessivo maggiore), sono stimolate a tradire la collusione per i maggiori guadagni potenzialmente ottenibili perseguendo il proprio interesse.

L'unico modo per organizzare un cartello efficacie è quello di creare una minaccia (punizione in caso si violi la cooperazione) per i singoli membri tale che rimanere all'interno delle regole risulti la scelta dominante. Ad esempio, all'interno dell'OPEC l'elemento deterrente è costituito dall'Arabia Saudita: essendo il maggior produttore di petrolio (produce intorno al 25% del petrolio mondiale) e riuscendo ad estrarre la risorsa al prezzo più basso al mondo (solo 3 dollari al barile), in caso di violazione da parte degli altri membri, potrebbe inondare il mercato di greggio, abbassando il prezzo così tanto da rimanere l'unico paese a poter guadagnare dalla vendita.

Tuttavia, anche l'Arabia Saudita ha dei limiti tecnici di estrazione, per cui non riuscirebbe a produrre abbastanza petrolio al giorno da far scendere a sufficienza il prezzo e, quindi, costituire una minaccia credibile per gli altri membri. I paesi produttori, infatti, spesso eccedono la loro quota di produzione proprio perché non subiscono un deterrente abbastanza forte. Quindi, persino l'OPEC non riesce ad essere un cartello realmente funzionante.

Un accordo collusivo può stare in piedi solo se uno degli oligopolisti può esercitare una minaccia abbastanza forte. Ad esempio, la Standard Oil Company di Rockefeller durante il 19esimo secolo controllava il 90% di tutto il petrolio venduto negli Stati Uniti. In un contesto del genere, la compagnia poteva mandare in bancarotta i più piccoli *competitors* abbassando il prezzo del prodotto ad un livello non sostenibile dalle altre imprese. E proprio per contrastare lo strapotere di compagnie come quella di Rockefeller fu introdotta la prima normativa Antitrust della storia: lo Sherman Antitrust Act (1890).

Per contrastare un cartello funzionante possono essere utilizzati due approcci:

1. Smembrare l'azienda dominante in tante imprese più piccole per stimolare la competizione (come venne fatto alla Standard Oil Company).
2. Regolare gli oligopolisti ponendo dei limiti nell'innalzamento dei prezzi e nella riduzione della produzione.

CAPITOLO 5
Il fallimento del mercato

La maggior parte dei mercati non possono essere considerati perfettamente concorrenziali, in quanto vi sono degli elementi che interferiscono sulla competitività.

Le caratteristiche del modello base (mercato di concorrenza perfetta) possono essere riassunti in pochi punti:

- Le imprese e i consumatori assumono i prezzi di mercato come dati; questo significa che entrambi sono così piccoli che le loro azioni non possono influenzare i prezzi di mercato.
- Gli individui e le imprese hanno a disposizione una perfetta informazione riguardo al mercato.
- Le azioni di un individuo o di un'impresa non influenzano direttamente le azioni degli altri agenti del mercato.
- Solo l'acquirente può usufruire del prodotto che ha acquistato.

Ci sono vari elementi che possono determinare un fallimento del mercato: concorrenza imperfetta, informazione imperfetta, esternalità e beni pubblici. In tutti questi casi il mercato fallisce in quando non riesce a raggiungere la piena efficienza economica (come avverrebbe in un mercato di concorrenza perfetta).

Abbiamo già osservato come un monopolio o un oligopolio vadano a limitare la concorrenza all'interno del mercato. Un terzo caso di concorrenza imperfetta è quello della concorrenza monopolista, in cui si raggiunge un livello di competitività superiore all'oligopolio ma non sufficiente da raggiungere una concorrenza perfetta.

Un mercato perfettamente concorrenziale, infatti, può realizzarsi solo per beni come il grano o il ferro che, nonostante possano essere prodotti da imprese diverse, sostanzialmente, sono identici e perfetti sostituti l'uno con l'altro. Se un'impresa aumenta il prezzo in un contesto del genere perde tutti i clienti, perché i consumatori non avrebbero interesse ad acquistare il suo prodotto. Questo non avviene in un mercato in cui la funzione del brand è rilevante e, quindi, i prodotti si differenziano l'uno con l'altro. Se un'azienda che produce cappelli aumenta il prezzo del prodotto, potrà perdere parte della sua clientela ma ci sarà sempre un gruppo di consumatori affezionati al marchio e disposti a pagare anche un prezzo più elevato. In questo caso, la concorrenza resta, comunque, superiore a quella dell'oligopolio perché un'impresa può anche ignorare le mosse degli altri *competitors.* Abbassando il prezzo si può guadagnare anche un gran numero di consumatori, ma la quota sottratta alle aziende rivali sarà comunque così limitata da non stimolare una reazione (come invece avverrebbe in un oligopolio).

Nei monopoli, oligopoli e nella concorrenza monopolistica i produttori non assumono i prezzi come dati, ma sono dei veri e propri *price maker*, per cui non vi può essere quel meccanismo di autoregolamentazione che spinge il mercato verso l'equilibrio.

Nel modello base di concorrenza perfetta, i produttori e i consumatori hanno un'informazione perfetta del mercato. I consumatori conoscono tutte le caratteristiche del bene e quanto sono disposti a pagare per acquistarlo. Le imprese, invece, sanno quali sono le tecnologie migliori a disposizioni, la produttività dei loro lavoratori e le preferenze dei consumatori. E conoscono i prezzi ai quali possono essere venduti i beni prodotti. Ma raramente troviamo una situazione del genere all'interno dei mercati che, quindi, non riescono a regolarsi con una completa efficienza.

Un altro fattore che determina il fallimento del mercato sono le esternalità. Un'esternalità si verifica quando un'impresa o un individuo influenzano gli altri agenti del mercato senza subirne i danni o riceverne i benefici.

L'esempio classico è quello di una fabbrica inquinante che non viene punita per il danno ambientale prodotto. In questo caso è l'intera società che deve pagare il prezzo dell'inquinamento, mentre la fabbrica può trarre benefici da costi di produzione più bassi. L'esternalità può essere risolta con un'efficiente legislazione ambientale che spinge l'azienda ad investire denaro in mezzi di produzione migliori e più ecologicamente sostenibili. Se le imprese non sono tenute a pagare tutti i costi derivanti dalla produzione, anche quelli sociali (come l'inquinamento), chiaramente il prezzo sarà inferiore e l'output maggiore rispetto a quelli che si avrebbero in un mercato perfettamente concorrenziale.

Se il prezzo del consumatore non riflette tutti i costi della produzione perché i costi sociali non vengono considerati, la quantità domandata aumenterà insieme all'offerta andando ad aggravare gli effetti dell'esternalità negativa.

Le esternalità possono essere anche positive. Prendiamo come esempio l'allevamento di api: in questo caso l'attività, oltre alla produzione di miele destinato al commercio, sarà utile ai coltivatori della zona per il lavoro di impollinazione fatto dalle api. I coltivatori, tuttavia, non pagheranno l'allevatore per questo beneficio. Quindi, verranno allevati meno alveari di quelli che potrebbero essere allevati se si pagasse per l'esternalità positiva. Se i benefici sociali derivanti da un'attività non vengono retribuiti, il prezzo e la produzione saranno più bassi di quello che si avrebbe in un mercato di concorrenza perfetta.

L'ultima categoria di fallimento del mercato è rappresentata dai beni pubblici. Un bene pubblico puro è un bene dal consumo non rivale e non esclusivo. Non rivale significa che aggiungere un utilizzatore ulteriore ha costi minimi, prossimi allo zero. Per non esclusivo, s'intende che i costi per escludere un individuo dall'utilizzo del bene sono proibitivi. Ad esempio, un consorzio di pescatori locali decide di costruire un faro. Uno dei membri, tuttavia, decide di non partecipare alla spesa. Cosa succede quindi? Da un lato, aggiungere un utilizzatore del bene ha costi nulli; dall'altro, sarebbe molto difficile escluderlo dall'utilizzazione. Oppure, le frequenze radio sono un bene non rivale e non escludibile (e quindi puramente pubblico), dato che un maggiore numero di utilizzatori non comporta rilevanti costi aggiuntivi e non è possibile escludere soggetti dall'utilizzazione. Il problema dei *free rider* è quello che determina il fallimento del mercato nel caso dei beni pubblici. Gli individui, infatti, hanno dei forti incentivi a non pagare questa tipologia di bene per poterne usufruire gratuitamente. Per questo la maggior parte dei beni pubblici sono gestiti dallo Stato, il quale può esercitare un potere coercitivo e richiedere il pagamento dai cittadino tramite la tassazione. In mancanza dell'organizzazione statale non si avrebbe un'offerta sufficiente di beni pubblici all'interno del mercato, in quanto risulterebbe estremamente complicato per un'impresa produttiva ottenere dei profitti adeguati.

Molti beni pubblici, comunque, hanno una natura mista. Ad esempio, la protezione dagli incendi è un bene non rivale ed esclusivo. Non rivale perché i costi per aggiungere un utilizzatore sono nulli, dato che spesso i vigili del fuoco stanno in caserma in attesa di chiamate. Esclusivo perché sarebbe facile non fornire il servizio a chi non paga. Addirittura, alcuni beni pubblici, come la sanità e l'istruzione, hanno sia costi alti per estendere l'offerta ad un maggior numero di individui, sia sarebbe abbastanza facile escludere altri soggetti dall'utilizzo. Infatti, in alcuni paesi questa particolare tipologia di beni pubblici sono ampiamente forniti anche dal settore privato.

CAPITOLO 6
Prodotto Interno Lordo

In macroeconomia un dato fondamentale è rappresentato dal Prodotto Interno Lordo. Il PIL è una statistica che indica il valore dei beni e servizi prodotti in un paese all'interno di un certo periodo di tempo. Avendo spostato l'attenzione dal punto di vista microeconomico a quello macroeconomico, vediamo sin da subito come non si parla più dei comportamenti dei singoli agenti, ma di valutazioni che coinvolgono intere economie.

Il PIL è l'indicatore più utilizzato per valutare la salute di un'economia: un prodotto interno lordo crescente è sintomo di un'economia che migliora, in quanto il paese produce una maggiore quantità di beni o servizi; il contrario avviene quando questo dato si riduce. Parlando di PIL dobbiamo distinguere due concetti:

- PIL nominale: valore dei beni e servizi prodotti misurati secondo i prezzi correnti (può aumentare sia perché aumentano le quantità, sia perché aumentano i prezzi).
- PIL reale: valore dei beni e servizi prodotti misurata a prezzi costanti; più efficace nel valutare il benessere economico perché non è influenzato dalle fluttuazioni dei prezzi.

Ma possiamo dire che questo indicatore sia realmente accurato per giudicare lo stato di salute di un'economia nazionale?

Innanzitutto, il PIL tiene conto solo delle transazioni monetarie. Per cui, ad esempio, se faccio del volontariato o mi occupo di accudire la prole a casa, questo non verrà considerato all'interno del prodotto interno lordo, nonostante siano attività che portano benefici sociali rilevanti.

Inoltre, l'accuratezza del PIL può variare da Stato a Stato. In un paese industrializzato la precisione sarà maggiore in quanto la stragrande maggioranza dei beni prodotti vengono venduti. Diverso è il caso di un paese rurale in cui buona parte dei beni sono prodotti per l'autoconsumo e, quindi, non considerati all'interno delle statistiche ufficiali. Un paese, ad esempio, in transizione da un'economia rurale ad un'economia di mercato può avere una crescita di PIL elevata perché parte della produzione viene rilevata per la prima volta all'interno dei dati economici. Tuttavia, a questa crescita apparente non corrisponderà un aumento di output.

Bisogna, poi, differenziare due concetti che possono apparire coincidenti, ma in realtà non lo sono: crescita economica e sviluppo economico.

La prima indica la variazione annua del prodotto interno lordo, e quindi l'aumento in termini di reddito e produzione realizzata all'interno del sistema economico. La seconda riguarda, invece, il miglioramento della qualità della vita. Questa valutazione, tuttavia, coinvolge una serie di parametri (anche non monetari) i quali rendono la misurazione di questo valore alquanto difficile.

E in questo caso il PIL non è sicuramente un dato affidabile. Il prodotto interno lordo non tiene conto di come il reddito sia distribuito all'interno della popolazione, né delle transazioni all'interno dell'economia sommersa o illegale. Non viene considerato il danno ambientale prodotto o il depauperamento delle risorse naturali, legato all'uso indiscriminato del territorio. Per questo alcuni studiosi hanno tentato di elaborare il concetto di "contabilità verde" (*green accounting*).

Alla luce di queste considerazioni, possiamo dire che il PIL non è un indicatore perfetto, in quanto tiene fuori tutta una serie di elementi che risultano fondamentali per la valutazione del benessere "reale" di un sistema economico. Nonostante questo, rimane ancora uno dei dati più importanti da tenere in conto quando vengono fatte valutazioni macroeconomiche

CAPITOLO 7
Domanda e offerta aggregata

La domanda aggregata non differisce di molto dal concetto di domanda di mercato precedentemente affrontato. Questo tipo di domanda è composta dalla somma delle domande individuali. La domanda aggregata, detta anche AD *(aggregate demand)*, indica la domanda di beni e servizi all'interno di un sistema economico.

Sotto le condizioni di un'economia chiusa agli scambi con l'estero, senza l'intervento dello Stato, ignorando le decisioni riguardanti il risparmio, il PIL rappresenta il vincolo di bilancio dell'intera società considerata nel suo complesso (Il budget aggregato dei singoli individui).

La curva di domanda aggregata mostra come la domanda di beni e servizi varia alla luce di un mutamento del PIL reale e del livello dei prezzi.

Fonte: Okpedia

Sull'asse delle ascisse (x) viene riportato il PIL reale, mentre sull'asse dell'ordinate (y) si indica il livello dei prezzi. La curva ha un andamento decrescente poiché il livello dei prezzi costituisce un ostacolo all'acquisto dei beni. Per cui all'aumentare dei prezzi la quantità di prodotti scambiati all'interno del mercato diminuisce.

Per livello dei prezzi si intende la variazione media dei prezzi all'interno del sistema economico. In caso di aumento avremo quel fenomeno economico chiamato inflazione, in caso di diminuzione, invece, avremo la deflazione. A parità delle altre condizioni, la domanda aggregata è inversamente proporzionale al livello generale dei prezzi.

In un mercato perfettamente concorrenziale, un eccesso di domanda o di offerta è corretto da un aggiustamento nel livello dei prezzi. Il mercato, quindi, sarà spinto naturalmente all'equilibrio. Ma, come sappiamo, la maggior parte dei mercati non sono di concorrenza perfetta, per cui se si esce dalla situazione di equilibrio il sistema non riuscirà a farvi ritorno spontaneamente. Inoltre, è necessario tenere in considerazione delle altre forze esogene: ad esempio, in un'economia aperta agli scambi internazionali una diminuzione dei prezzi in un mercato estero ridurrà la convenienza a comprare i prodotti del mercato interno. Mentre se il paese esporta dei prodotti, allora parte del PIL nazionale dipenderà in parte dal reddito dei paesi importatori. La domanda aggregata viene incrementata dalla richiesta proveniente dall'estero.

Ma cosa determina la composizione della domanda aggregata? Quali fattori determinano i prodotti che vengono richiesti all'interno del mercato?

Innanzitutto, i prezzi dei beni alternativi e complementari. I beni alternativi sono beni che riescono a soddisfare il medesimo bisogno (es. i consumatori di solito decidono di consumare o pesce o carne durante un pasto). I beni complementari sono i beni che devono essere consumati contemporaneamente (es. un'autovettura e la benzina).

Un altro fattore è la composizione della popolazione. Una popolazione mediamente più vecchia consumerà beni diversi rispetto ad una popolazione più giovane. Un cambiamento dei consumi dipende, pure, da come si evolvono i gusti e le preferenze dei consumatori nel corso degli anni, oltre che dal livello di informazioni a cui abbiamo accesso.

Da non sottovalutare anche le aspettative che gli agenti del mercato hanno per il futuro: in caso di previsioni positive la curva sarà meno inclinata, quindi la gente per ogni variazione nel livello dei prezzi sarà più disposta ad acquistare; in caso di aspettative negative, invece, la curva sarà più inclinata per cui una variazione dei prezzi determinerà uno spostamento più significativo sul PIL reale. In generale, se gli agenti hanno una visione positiva del futuro saranno più disposti a spendere, anche in caso di innalzamento del livello dei prezzi, in quanto potranno confidare sui futuri miglioramenti dell'economia.

Anche la facilità di accesso al credito è un fattore importante nella definizione della domanda aggregata. La possibilità degli agenti di ricevere denaro in credito dipende essenzialmente da due elementi: la possibilità di offrire beni in garanzia agli istituti di credito e la rischiosità dell'operazione.

Infine, bisogna tener conto dell'organizzazione statale. Per finanziare il proprio funzionamento e produrre i propri servizi, lo Stato impone una tassazione ai cittadini. Le imposte possono essere dirette o indirette. Le prime gravano su manifestazioni immediate di reddito (e quindi capacità contributiva): ad esempio, l'imposta sui redditi delle persone fisiche (IRPEF). Le seconde gravano sulla ricchezza al momento in cui questa viene impiegata. Ad esempio, l'IVA è un'imposta indiretta dato che viene applicata su tutti gli acquisti fatti dai consumatori. L'aumento del prelievo fiscale contrae la domanda aggregata perché diminuisce la quota di reddito destinabile ai consumi. Le imposte indirette, poi, vanno a modificare, non solo, la quantità di domanda, ma, anche, la sua composizione. Un innalzamento delle accise sulla benzina, ad esempio, può portare sul lungo termine ad un aumento di domanda delle vetture a gas naturale o elettriche.

L'offerta aggregata rappresenta l'insieme dei beni e servizi offerte dalle imprese all'interno di un certo sistema economico. Costruendo una curva di domanda aggregata possiamo vedere la quantità di prodotti offerta per ogni livello di prezzi.

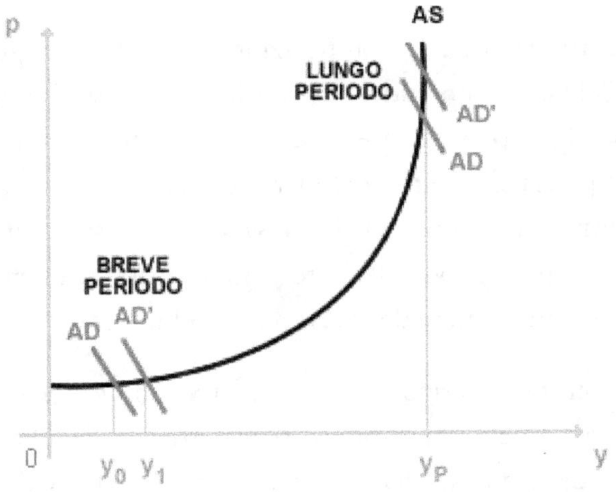

Fonte: Okpedia

Notiamo come la curva parte da un certo livello dei prezzi. Questo significa che al di sotto di un certo punto non c'è attività economica. In questo caso, la curva è positivamente orientata in quanto ad un maggiore livello di prezzi corrisponde una maggiore quantità di beni offerti nel mercato.

La parte più orizzontale corrisponde ad una crescita di breve periodo: inizialmente vi è un'abbondanza di fattori produttivi per cui le imprese riescono ad aumentare l'offerta senza innalzare in maniera rilevante i prezzi. Man mano che si incrementa la produzione la curva diventerà più inclinata fino a diventare verticale. I fattori di produzione, diventando sempre più scarsi nel mercato, arrivano ad un punto di massimo di produttività e, quindi, ad un aumento dei prezzi non corrisponde un aumento di offerta. Il sistema non riesce più ad incrementare la sua offerta.

Per quanto riguarda la composizione dell'offerta aggregata, il primo elemento da prendere in considerazione sono i prezzi dei vari beni: le imprese sceglieranno cosa e quanto produrre sulla base dei prezzi all'interno del mercato e ai costi necessari per la produzione. Nel caso in cui l'impresa ha la necessità di importare certi fattori produttivi dall'estero, sarà importante anche il tasso di cambio con la valuta del paese da cui si importa.

Mentre per quando riguarda il commercio con l'estero, abbiamo visto come la richiesta di prodotti dall'estero vada ad accrescere la domanda aggregata. Di contro, la propensione del paese ad importare dall'estero va a contrarre l'offerta aggregata.

Un altro elemento importante è determinato dai mezzi forniti dalla tecnologia: più i fattori produttivi sono avanzati, più sarà facile per le imprese aumentare la produzione (a parità di prezzi).

Anche per l'offerta aggregata, è determinante la facilità per le imprese di accedere al credito. Con un minore costo di accesso al credito diviene più agevole incrementare la quantità di beni prodotti. E in generale, dovrà essere tenuto in conto tutto il contesto istituzionale in cui operano gli agenti del mercato. Una tassazione più o meno alta risulta fondamentale nella scelta della localizzazione delle imprese. Ma anche altri elementi entrano in gioco, come la semplicità della burocrazia, gli incentivi governativi, l'efficienza della giustizia e della pubblica amministrazione etc., i quali rendono migliore la produzione e, in generale, l'attività delle imprese.

L'equilibrio macroeconomico è costituito dalla combinazione di PIL reale e livello dei prezzi nella quale si incontrano la curva di domanda e di offerta aggregata.

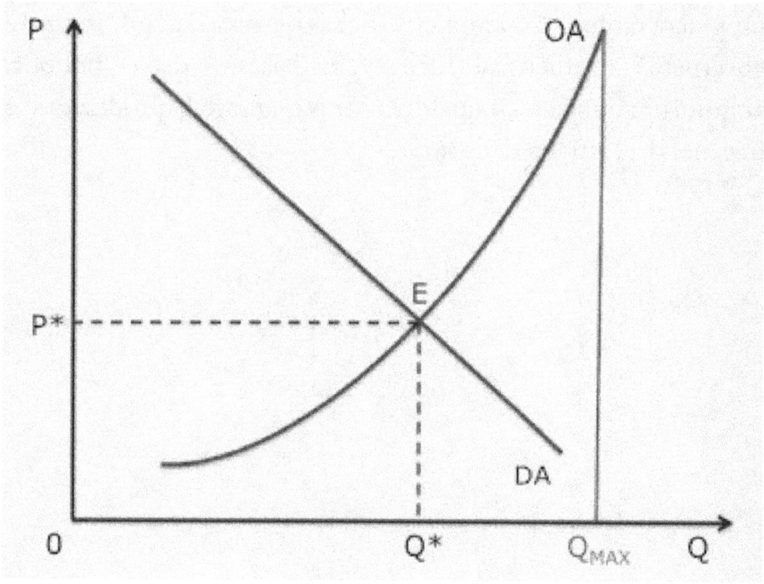

Fonte: Economìa 2.0 para bachillerato

Quando, come nel grafico, l'intersezione fra le due curve avviene in un punto inferiore rispetto alla massima produttività del sistema, vi saranno dei fattori produttivi inutilizzabili in quanto non necessari per soddisfare la domanda aggregata di mercato.

La situazione del mercato in macroeconomia può essere suddivisa in quattro fasi, le quali vanno a costituire il cosiddetto "ciclo economico".

- **Boom (prosperità):** il sistema economico ha raggiunto una fase di piena occupazione dei fattori produttivi. In questa fase il tasso di disoccupazione si riduce e aumenta il tasso di inflazione. I fattori produttivi possono essere insufficienti per soddisfare la domanda per cui diventano più costosi e, di conseguenza, si innalzano anche i prezzi dei beni finali.
- **Recessione:** dopo la fase di boom, si verifica un periodo, non inferiore ai sei mesi, durante il quale il reddito, l'occupazione e gli scambi diminuiscono. In questa fase il livello di PIL è al di sotto del suo massimo potenziale.
- **Punto di svolta inferiore:** è la situazione in cui la produzione e l'occupazione hanno raggiunto il livello minimo. La recessione raggiunge il suo culmine.
- **Ripresa:** produzione e occupazione ricominciano a crescere dopo il periodo di contrazione.

CAPITOLO 8
La moneta

Come già accennato, le economie più arcaiche erano fondate sul baratto: gli scambi avvenivano direttamente fra beni di consumo, senza uno strumento di intermediazione. Tuttavia, un sistema del genere implicava tutta una serie di problemi pratici. Innanzitutto, i bisogni dei soggetti dovevano coincidere: se voglio scambiare il mio litro di vino in cambio di una certa quantità di grano, posso farlo solo se trovo un altro soggetto a cui serve il mio bene e che ha una certa disponibilità del prodotto che voglio acquistare. Dovevano, quindi, coincidere le necessità dei due agenti sia nella tipologia, sia nella quantità dei beni oggetti dello scambio. Ci doveva essere la cosiddetta "doppia coincidenza di desideri". Inoltre, vi era il problema di dare una valutazione economica ai beni scambiati, per cui i soggetti dovevano trovare un accordo sul valore attribuito ai rispettivi beni. Infine, la maggior parte dei beni non era conservabile a lungo, quindi doveva essere barattato in tempi brevi. Per questo era difficile realizzare un risparmio sui beni prodotti.

La prima forma di moneta fu individuata in alcune tipologie di prodotti, come sale, bestiame o metalli preziosi, il cui valore era riconosciuto dalla gran parte degli operatori economici. Si parla infatti di moneta merce. In particolare, i metalli preziosi si affermarono rapidamente come la moneta merce più diffusa poiché lo scarso ingombro ne rendeva facile il trasporto.

Tuttavia, anche questo sistema poteva implicare degli inconvenienti. Chi riceveva i pagamenti aveva bisogno di avere sempre una disposizione una bilancia per controllare il peso del metallo ricevuto.

Vi era, poi, il problema della purezza del metallo. Ad esempio, per controllare la qualità del metallo veniva utilizzata una lastra di diaspro nero (metallo a base di silicio) che permetteva di verificare la purezza dell'oro grazie al colore della traccia che il metallo lasciava strofinandovelo sopra.

Questi problemi vengono superati con la coniazione: le prime organizzazioni pubbliche accentrarono su di sé il potere di coniare monete, imponendo ai cittadini di utilizzarle negli scambi e accettandole come pagamento delle tasse. In questo modo lo Stato riusciva a garantire il valore della moneta prodotta.

Le prime tracce di coniazione si hanno all'inizio del VII sec. a.C. e già nel V sec. il sistema era diffuso in tutto il Mediterraneo.

La moneta possiede la caratteristica della liquidità nel suo massimo grado. Riesce, cioè, a trasformarsi in qualsiasi altro bene senza costi aggiuntivi per il titolare. E uno strumento che risulta fondamentale per la facilitazione degli scambi.

Inizialmente, la moneta aveva un valore intrinseco che corrispondeva al valore rappresentato: una moneta d'oro rappresentava il valore derivante dalla quantità di oro che si trovava al suo interno.

In epoca moderna, invece, è stato introdotto il "corso forzoso" della moneta, per cui il valore rappresentato dalla moneta non corrisponde più al suo valore intrinseco. Una banconota da 500 euro, pur rappresentando una considerevole quantità di ricchezza, è fatta di un materiale che ha un valore economico trascurabile.

Inizialmente, le banconote erano emesse dalle banche sulla base dell'ammontare di depositi di metalli preziosi ricevuti. Alcune banche, però, emettevano più moneta rispetto al metallo detenuto rischiando di non poter far fronte alle richieste di conversione. Per gli operatori economici risultava, quindi, difficile valutare l'affidabilità di moneta emessa da istituti differenti. Da qui, l'affermarsi del monopolio nell'emissione della moneta da parte delle Banche Centrali.

In un sistema di corso forzoso il ruolo dell'autorità monetaria non è più quello di assicurare la corrispondenza tra il valore della moneta e la quantità di metallo al suo interno, ma di imporre il bene intermediario come mezzo di circolazione di tutti gli altri beni. Ad esempio, è stato introdotto il potere liberatorio della moneta: nessun creditore può rifiutare un pagamento in denaro offerto dal debitore.

L'aumento del numero di scambi e l'accrescersi della complessità dei rapporti economici ha portato alla diffusione della moneta bancaria, basata su registrazioni di conti (somme di denaro) detenuti presso banche commerciali. Tramite determinate procedure formali è possibile trasferire la somma di denaro a favore di un soggetto beneficiario. Questi strumenti hanno assunto nel tempo varie forme: assegni bancari, bonifici, giroconti etc.

Negli ultimi anni, le varie procedure formali di trasferimento del denaro sono state sostituite da modalità elettroniche. La digitalizzazione, inoltre, ha portato all'affermarsi della moneta elettronica, cioè "un valore monetario rappresentato da un credito nei confronti dell'emittente che sia memorizzato su un dispositivo elettronico, emesso previa ricezione di fondi di valore non inferiore al valore monetario emesso e accettato come mezzo di pagamento da soggetti diversi dall'emittente" (art. 55, lett. h ter della Legge n. 39 del 1° Marzo 2002, attuativa della Direttiva 2000/46/CE). Esempi di moneta elettronica sono le carte di credito, debito e le carte prepagate.

Inoltre, le nuove tecnologie hanno permesso la diffusione delle cosiddette criptovalute (Bitcoin, Litecoin, Ripple etc.). Queste consistono in una rappresentazione digitale di un valore monetario basata sulla crittografia. Si tratta di valute in genere emesse da emittenti privati che si servono di software altamente specializzati e tecnologie blockchain. La loro gestione avviene tramite portafogli virtuali denominati e-wallet. In molti casi le criptovalute sono convertibili, a cambi variabili nel tempo, in valute a corso legale.

La domanda di moneta, in un mercato, è la quantità di moneta in media detenuta dalle famiglie e dalle imprese. Essa dipende dalla decisione da parte degli agenti del mercato di mantenere parte del proprio reddito sotto forma di liquidità. Tre sono gli elementi che determinano la domanda:

1. Il movente delle transazioni: ogni agente ha bisogno di liquidità per effettuare gli scambi. Maggiore è il volume d'affari, più alta è la domanda di moneta richiesta.
2. Motivo precauzionale: ognuno riserva una quota di liquidità per far fronte alle spese impreviste ed è positivamente correlata all'aumentare del reddito.
3. Motivo speculativo: la quota di liquidità destinata agli investimenti finanziari.

L'offerta di moneta, invece, è data dalla quantità di denaro in circolazione. La base monetaria è formata dal circolante (insieme di banconote e monete) più i depositi infruttiferi che le banche commerciali detengono presso la Banca Centrale. Una percentuale dei depositi effettuati dai risparmiatori deve essere detenuta dagli istituti di credito sottoforma di riserva liquida per assicurare che le banche siano sempre capaci di restituire il denaro depositato dai propri clienti anche in caso di crisi finanziarie. Secondo alcuni economisti, esistono anche altri modi per calcolare l'offerta di moneta. Al circolante e alla riserva di liquidità delle banche si aggiungono altri prodotti finanziari facilmente trasformabili in moneta, come depositi in libretti fruttiferi, Buoni Ordinari del Tesoro, i quali possono assolvere alla funzione di riserva di valore in maniera simile alla moneta liquida.

Le Banche Centrali possono intervenire in vario modo per influenzare la quantità di moneta all'interno del mercato. Se si decide di intraprendere una politica restrittiva, la Banca Centrale potrà aumentare il coefficiente la riserva obbligatoria. Da questo deriverà un innalzamento del tasso di interesse delle banche rendendo più difficoltoso per gli agenti accedere al credito. Di contro, riducendo il coefficiente di riserva obbligatorio la quantità di moneta verrà aumentata in quanto i tassi di interesse più bassi renderanno più agevole ottenere prestiti.

Un altro strumento per controllare l'offerta di denaro sono le operazioni a mercato aperto, ovvero la vendita e l'acquisto di titoli. Acquistando titoli la Banca Centrale immette liquidità nel sistema economico. Quando l'autorità vende dei titoli, invece, il credito viene spostato presso il pubblico e la liquidità viene drenata dal mercato.

Un problema nell'operato delle Banche Centrali è quella quota di fondi che sfugge al controllo istituzionale, circolando nel cosiddetto *shadow banking system*.

Il sistema bancario ombra resta fuori dai controlli perché i soggetti creditori non sono banche commerciali. Questa espressione venne creata dalla Banca Mondiale e dal *Financial Times* e comprende attività come il *venture capital*, *crowdfunding*, *private equity*, ma anche forme di finanziamento parabancario come il *leasing* e il *factoring*.

Grazie a questi nuovi strumenti è cambiata la fonte principale di finanziamento degli operatori finanziari. Nel 2007, infatti, lo SBO aveva raggiunto livelli di capitalizzazione paragonabile al sistema delle banche commerciali. Il problema di questo sistema di finanziamento è, innanzitutto, che l'intermediazione avviene in più fasi e con soggetti diversi. Il titolo viene suddiviso in diverse sezioni e in ogni passaggio viene generato altro debito, fino a che non arriva al mercato dei capitali dove i finanziatori non sanno più cosa stanno acquistando, né dove vada a finire il finanziamento. E, chiaramente, l'esistenza di un mercato parallelo a quello bancario "classico", oltre a costituire un ostacolo all'efficacia degli interventi della Banca Centrale, risulta problematica per il regolatore domestico: come disciplinare un fenomeno globale con leggi nazionali senza finire per favorire i paesi con una regolamentazione meno severa? I paesi che adottano delle politiche più leggere riescono ad attirare meglio il denaro nei loro mercati di capitali rispetto ai paesi più "responsabili" in materia.

A questa tipologia di *dumping* se ne aggiunge un altro, detto il *dumping* monetario, che costituisce un altro problema per il mercato. La Cina, per favorire le esportazioni, mantiene il tasso di cambio favorevole con le altre valute. Negli ultimi anni, al fronte di una crescita poderosa della Cina e il conseguente aumento di domanda di Yuan (valuta cinese), la Banca Popolare Cinese ha provveduto a stampare un enorme quantità di moneta per poter acquistare valuta estere evitando che altre monete (in particolare dollaro ed euro) si deprezzassero.

Infine, possiamo citare il fenomeno del *dumping* sociale. La Cina, ma anche altri paesi, sfruttano il basso costo del lavoro, la mancanza di sicurezza e di igiene dei posti di lavori e la scarsa tutela ambientale per attirare imprese dall'occidente offrendo dei costi di produzione decisamente più bassi.

CAPITOLO 9
Inflazione e deflazione

Per inflazione si intende quel fenomeno che determina una perdita di potere d'acquisto della moneta. Se ad inizio anno con 100 euro potevo comprare dieci libri, mentre a fine anno posso comprarne solo 8, significa che i prezzi sono saliti e, quindi, quella somma di denaro ha perso parte del suo potere d'acquisto. Se, invece, a fine anno posso comprare più di 10 libri, allora i prezzi sono diminuiti e quindi, a causa della deflazione, la mia somma di denaro ha accresciuto il suo potere d'acquisto.

Per avere l'inflazione, non è necessario che aumenti il prezzo di tutti i beni presenti all'interno del mercato, ma sarà sufficiente un aumento medio del livello dei prezzi.

Secondo una visione largamente accettata dagli economisti, avremo il fenomeno dell'iperinflazione quando la variazione media annua dei prezzi è superiore al 500% e la situazione non riesce ad essere governata tramite il controllo dell'autorità monetaria. Questo si è verificato diverse volte, all'inizio dello scorso secolo come in tempi più recenti. Ad esempio, la Germania, per far fronte all'immenso debito contratto dopo la prima guerra mondiale, non ha resistito alla tentazione di stampare moneta per adempiere alle obbligazioni che gravavano sullo Stato. A causa dell'aumento elevato di offerta di moneta, iniziò un'iperinflazione selvaggia (con tassi di quasi 6000 punti l'anno), talmente grave che persino un pezzo di pane arrivò a costare 200 000 marchi. Negli ultimi decenni si è assistito a fenomeni simili in America Latina, in Argentina e in Brasile fino alla più recente crisi monetaria del Venezuela, o in paesi usciti da esperienze socialiste come la Russia o i paesi dell'ex Jugoslavia.

Le conseguenze principali dell'iperinflazione sono due: la prima è che si assiste alla sostituzione della moneta interna con una valuta estera; come in Venezuela, dove si fa un uso esteso del dollaro statunitense per tenersi al riparo dalla giornaliera perdita di potere d'acquisto della valuta nazionale. La seconda è l'esplosione di un mercato nero in cui gli scambi regrediscono alla forma del baratto.

Il fenomeno opposto è rappresentato dalla deflazione, che determina una diminuzione del livello generale dei prezzi. Ad esempio, negli Stati Uniti il livello dei prezzi, tra il 2008 e il 2009, è sceso del 1,3%. Contrariamente a quello che si potrebbe pensare, l'inflazione non è un fenomeno positivo, in quanto implica un'economia in recessione nella quale il PIL reale e la domanda aggregata sono al di sotto del livello ottimale (punto di equilibrio).

Quando un'economia entra in deflazione, la domanda di imprese e consumatori diminuisce poiché si punta a posticipare gli acquisti con la speranza di ottenere prezzi ancora più bassi. Aumentando il valore di ogni unità di moneta, il debito, sia pubblico che privato, diventa più oneroso. Cresce, così, il pericolo di default e bancarotta per cui anche le banche diventano meno disponibili a concedere credito, in un momento in cui, invece, servirebbe più liquidità. Anche la deflazione, quindi, rappresenta uno squilibrio del mercato che necessita un intervento correttivo.

Un fenomeno particolare si è avuto nei paesi che hanno affrontato una transizione da un sistema socialista a economia pianificata a un sistema di economia di mercato. La pianificazione economica prevede che i prezzi vengano fissati dall'autorità amministrativa. Una volta che questi paesi liberalizzarono il sistema dei prezzi, tuttavia, l'iperinflazione esplose. Probabilmente si scoperchiò l'inflazione latente di queste economie tenuta nascosta da prezzi tenuti bassi artificiosamente. Dopo l'ufficiale dissoluzione dell'Unione Sovietica (25 Dicembre 1991), i prezzi si innalzarono del 800-900% solo nei primi sei mesi del 1992, con picchi ancora più alti per certi beni di prima necessità: il sale, ad esempio, passo da 9 kopeki a 9 rubli al kilo (100 volte tanto). Si verificò, quindi, il fenomeno della *shortage-inflation:* scarsità di beni essenziali associata ad una elevata inflazione.

Come possiamo vedere, sono differenti le cause che portano ad un aumento dell'inflazione. La prima causa, già accennata, è un eccesso di offerta monetaria all'interno del mercato che, spingendo la curva verso l'alto, aumenta il livello generale dei prezzi.

Un'altra ipotesi è quella dell'eccesso di domanda: in un sistema che ha raggiunto la piena produttività, nel caso aumenti la domanda di mercato, il PIL reale (offerta di mercato) non può essere incrementato, per cui sarà solo il livello dei prezzi a salire. Arthur Philips, economista neozelandese, ha trovato connessione inversa tra disoccupazione e inflazione. A livelli di disoccupazione più altri le lotte sindacali e le rivendicazioni salariali vengono mitigate rispetto a mercati dove c'è una abbondanza di lavoro. Questo significa che a livelli bassi di disoccupazione gli imprenditori sono più portati ad aumentare le retribuzioni, spingendo in alto i prezzi.

In caso di importazione di beni o fattori di produzioni dall'estero, a prescindere dalla dinamica dei prezzi interna, un aumento del tasso di inflazione del paese esportatore determinerà un aumento dell'inflazione anche all'interno del paese importatore, il quale avrà più difficoltà ad importare i prodotti necessari.

Inflazione può essere causata da un aumento del prelievo fiscale, sia per una variazione delle imposte dirette sia per quelle indirette. Entrambe vanno, infatti, ad incidere sul livello dei prezzi: le tasse sul reddito scoraggiano l'attività economica e la maggiore onerosità dei tributi viene spesso scaricata sui consumatori; quelle sul consumo, invece, incidono direttamente sul prezzo finale.

Infine, l'inflazione può essere anche settoriale: lavoratori dei settori meno produttivi spingeranno per avere salari analoghi a quelli dei settori più produttivi. E questo può portare ad un aumento di inflazione perché ad un incremento dei salari non corrisponderà un aumento nella produzione.

Riferimenti

Bonaiuto, G. (2013, Gennaio 18). La politica monetaria in Cina: tra Dumping e Dumpling. *Huffington Post.*

Borsa Italiana. (s.d.). Tratto da BorsaItaliana.it: https://www.borsaitaliana.it/notizie/sotto-la-lente/blockchain.htm

Castelmur, F. d. (2016, Settembre 26). Shadow banking: cos'è, come funziona e perché è un rischio per il sistema finanziario. *Il Fatto Quotidiano.*

Consob: Autorità italiana per la vigilanza dei mercati finanziari. (s.d.). Tratto da Consob.it: http://www.consob.it/web/investor-education/criptovalute

Di Vita, G. (2012). *Lezioni di Macroeconomia.* Torino: Giappichelli Editore.

Flynn, S. M. (2005). *Economics for dummies.* For Dummies.

Indemini, L. (2019, Dicembre 10). Cresce il mercato italiano dei Big Data Analytics: ora vale 1,7 miliardi di euro. *La Stampa.*

La moneta e gli strumenti di pagamento alternativi al contante. (2018). Roma: Divisione Editoria e stampa della Banca d'Italia.

Okpedia. (s.d.). Tratto da enciclopedia economia: https://www.okpedia.it/

Stigliz, J. E., & Walsh, C. E. (2005). *Principi di microeconomia.* Milano: Hoepli Editore.

Stracquadanio, D. (2019). La gestione dei beni collettivi e il Caso Russo. Catania: Università degli studi di Catania.

Trovato, M. (2013). La scienza triste: l'economia e le razze. *Panorama.*

Don't miss out!

Visit the website below and you can sign up to receive emails whenever Cristina Padovesi publishes a new book. There's no charge and no obligation.

https://books2read.com/r/B-A-DBEV-RDJBC

BOOKS 2 READ

Connecting independent readers to independent writers.

Did you love *Le Basi Dell'Economia: La Guida per Principianti per Capire Economia e Finanza*? Then you should read *Le Basi della Finanza: La Guida per Principianti per Capire Economia e Finanza*[1] by Cristina Padovesi!

[2]

Arricchisci te stesso! Impara le basi della finanza e scopri i segreti dei mercati finanziari

Ho alcuni risparmi da parte ma in cosa mi conviene investire?A chi devo rivolgermi se deciso di investire dei soldi?È rischioso investire nella criptovaluta e nei bitcoin?

Tutti noi associamo la materia finanza alla società moderna ma non è affatto così. I mercati finanziari infatti hanno origini

1. https://books2read.com/u/b5jXQ1

2. https://books2read.com/u/b5jXQ1

molto antiche. Già durante l'Alto Medioevo venivano concessi dei debiti a coloro che non potevano pagare e dopo un certo periodo dovevano restituire la somma con un tasso di interesse.

Questo ci fa capire che la finanza è in mezzo a tutti noi. Esistono diversi strumenti che i risparmiatori possono utilizzare per investire il proprio denaro e le scelte dipendono da diversi fattori come la quantità di denaro posseduto e dal rischio a cui sono disposti a correre. Ma come possiamo capire in cosa conviene investire? L'unica cosa che possiamo fare è documentarci e capire quali mezzi si hanno a disposizione.

Grazie a questo libro **imparerai a districarti nei mercati finanziari.** Capirai chi sono gli intermediari che agiscono durante il servizio di investimento. Scoprirai **dove conviene investire se si ha a disposizione una piccola somma di denaro** e **come fare se si vuole investire di più rispetto al proprio capitale,** ma non solo. Capirai quali dinamiche si celano dietro alla diffusione delle criptovalute, **la famosa moneta moderna conosciuta come bitcoin.**

Ecco che cosa otterrai da questo libro:

Su cosa si basa e come è nata la finanzaQuali opzioni ho se voglio investire delle somme di denaro***Gli step per investire denaro***L'avvento della criptovaluta e le sue caratteristiche***Quali sono i mercati finanziari e come agiscono***A chi mi devo rivolgere se decido di investire***Come possono fare per investire più di quanto possiedo***E molto di più!

Capire le basi della finanza e dei mercati finanziari non è affatto semplice, ma indispensabile. Che tu sia un piccolo risparmiatore o che tu decida di correre il rischio di investire una grossa somma di denaro, è fondamentale capire quali strumenti hai a tua disposizione.

Also by Cristina Padovesi

Le Basi Dell'Economia: La Guida per Principianti per Capire Economia e Finanza
Le Basi della Finanza: La Guida per Principianti per Capire Economia e Finanza

www.ingramcontent.com/pod-product-compliance
Lightning Source LLC
LaVergne TN
LVHW010059061026
849532LV00005BA/1765
* 9 7 9 8 2 1 5 9 4 0 8 4 6 *